শ্রীজাতর কাপলেট ও অণু কবিতাবলী

শ্রীজাত

Made with ♥ on the Notion Press Platform
www.notionpress.com

বিষয়বস্তু

বিষয়বস্তু

বিষয়বস্তু

স্বীকার

এই বই এর অন্তর্ভুক্ত কাপলেট ও অণু কবিতাগুলি লেখক শ্রীজাত বন্দ্যোপাধ্যাইয়ের লেখা এবং বইটি স্বপ্নদীপের দ্বারা সম্পাদিত।

এই বইয়ের সকল কাপলেট ও অণু কবিতাগুলি "https://shilpo-karkhana.blogspot.com" -এই ওয়েবসাইট থেকে নেওয়া।

1. শ্রীজাতর কাপলেট সমগ্র

কাপলেটের অর্থ, সংজ্ঞা বা ব্যাখ্যা:

দুটি লাইন শ্লোকে, সাধারণত একই মিটারে এবং ছড়ার সাথে যোগ হয়, যা একটি ইউনিট গঠন করে।

কাপলেট : ১

অনেক কাজের শেষে আলোর নিশান দেহে ঢোকে...

ঘুমন্ত বালির গায়ে তুমি কি দ্যাখোনি পিকাসোকে?

কাপলেট : ২

কিছু ডাক থেকে যায়, পিছুটান যেমন পোশাকে...

আকাশ গোলাপি। তাই অভিমানী ভেবেছিলে তাকে।

কাপলেট : ৩

এসব পথেই বিকেল ঘনায়, এসব পথেই হেমন্ত যায় শীতে

নতুন লেখা শুরুর আগে বাতাস এসে দাঁড়াচ্ছে, দম নিতে...

কাপলেট : ৪

একই তো ধূসর স্মৃতি, একই ঘাসে সফেদের ছোপ...

তোমার তুষার থেকে দূরে নয় আমার বরফ।

কাপলেট : ৫

আমাদের থেকে গেল ছাইয়ের পাহাড় শুধু, মাঝেমধ্যে আগুনের স্নান...

এতদিনে তুমি ঠিক পেয়ে গেছ ফুলের বাগান।

কাপলেট : ৬

একজন মানুষ যদি রক্ত দিয়ে কথা বলে ওঠে -

সমস্ত সেলাই এসে জড়ো হয় আমাদের ঠোঁটে।

কাপলেট : ৭

এখানে সময় বালি। দূরে যত আয়ু, মরীচিকা।

সঙ্গে আর কেউ নয়। মার্কেজের বিষণ্ণ গণিকা।

কাপলেট : ৮

যত ভাবি স্মৃতি শেষ, ফের ভরে উঠেছে কখন...

এমন বৃষ্টির নীচে পানপাত্র হয়ে যায় মন।

কাপলেট : ৯

থাকা তো অছিলা মাত্র। না-থাকা ভরিয়ে দিতে আসি।

জীবন কিছুই নয়। মৃত্যুর পরের স্মৃতিরাশি...

কাপলেট : ১০

ইদানীং মনে হয়, জীবন স্বপ্নের চেয়ে ছোট।

কী থাকে ঘুমের পরে? যদি তুমি না-ই জেগে ওঠো?

কাপলেট : ১১

সেদিকে মোহনা নয়, যেদিকে চলেছে মূলস্রোত...

এটুকু বুঝেছি আমি, যা বুঝিনি, সেটাই মহৎ।

কাপলেট : ১২

বিষাদ তো ব্যক্তিগত। যেন সন্ধে, কবরখানায়...

ভালবাসা নয়, জেনো, গোলাপ-বিক্রেতা টাকা চায়।

কাপলেট : ১৩

কফিন ঘুমিয়ে পড়ে। জেগে থাকে স্মৃতির পেরেক।

মৃত্যুর সংস্করণ একটাই। মুদ্রণ অনেক।

কাপলেট : ১৪

মুখ ভেসে গেছে জলে। তোমাকে মুখোশ দিয়ে চেনা।

আয়না এত সাবধানী, বৃষ্টি ধরে, তবুও ভেজে না...

কাপলেট : ১৫

অতীত ঝাপসা কাচ। কত দূর কে জানে পৌঁছলে...

স্বপ্নে জল জমে যায়, ঘুমের ভেতরে বৃষ্টি হলে।

কাপলেট : ১৬

দেখা হবে আয়নায়, একা হবে সবার মিছিলে

যে-মন ওষুধে সারে, তাকে তুমি ভালবাসা দিলে...

কাপলেট : ১৭

সহজে ডোবে না দেহ। শুধু জানি আমার ভাষায়

জীবনাবসান বললে মৃত্যুর ওজন বেড়ে যায়।

কাপলেট : ১৮

একটি মৃত্যুর শেষে মুখ দেখি আরেক মৃত্যুর –

আমরা জানি না কেউ, কার বাঁচা আর কত দূর...

কাপলেট : ১৯

সভ্যতার অভিধানে খামতি শুধু এই —

মায়ের কান্নার কোনও প্রতিশব্দ নেই।

কাপলেট : ২০

বিরহলোভ না থাকলে সে তোমাকে মন দিত?

সমস্ত বিচ্ছেদই জেনো অপেক্ষাবন্দিত...

কাপলেট : ২১

সময় জলের মতো। ভিজে দাগ মুছে যায় পাছে —

তোমার অতীত লেগে ভবিষ্যতও স্মৃতি হয়ে আছে।

কাপলেট : ২২

এখন চিন্তাও একা, নীরবতা যার সহচরী

তোমার প্রসঙ্গে আমি মঠের শূন্যতা দাবি করি।

কাপলেট : ২৩

আমাদের ধর্ম বাঁচা। কৃষক বা কবি —

ফলনে চেনায় জাত। লাগে না পদবি।

কাপলেট : ২৪

যে তোমাকে শিখিয়েছে দখলের কথা,

জেনো সে ধর্মই নয়। প্রাতিষ্ঠানিকতা।

কাপলেট : ২৫

এ কোনও বন্ধন নয়। বাধ্য হয়ে থাকা কাছাকাছি...

অরণ্য ভেবেছ তুমি। আসলে আলাদা সব গাছই।

কাপলেট : ২৬

কেউ চেনে না যাঁকে, তাঁরও অচেনা দিক থাকে

আমরা যেন সময় করে চিনতে পারি তাকে...

কাপলেট : ২৭

কে যেন শিখিয়েছিল, 'নিভে এলে নীরবতা শ্রেয়।

যখন কিছুই নেই, তখনও লেখার কাছে যেও'।

কাপলেট : ২৮

মনে পড়ে যাচ্ছে খুব। মনেরও তো দোষ নেই কোনও।

তাই এই লিখে রাখা। যদি তুমি একবারও শোনো...

কাপলেট : ২৯

সারা জীবনের মতো একবারই এই মৃত্যুসাজ...

এতদিন প্রাণ ছিল। অমরত্ব শুরু হলো আজ।

কাপলেট : ৩০

সেই যে আপনি কবিতার দেহ নিয়ে শুলেন শিয়রে —

আজও সে ঘুমের মধ্যে স্বপ্ন না, লেখার রক্ত ঝরে!

কাপলেট : ৩১

ভালবাসার সঙ্গে লড়াই। পারবে, অতিমারী?

আবার যেন এমনি করেই আড্ডা দিতে পারি!

কাপলেট : ৩২

সবার কাছে ভালবাসার আগুন চাওয়া সহজ নয়।

যখন তোমার মশাল লেগে আমার আকাশ রঙিন হয়...

কাপলেট : ৩৩

এ এক আজব বৃত্ত, শুরুতেই শেষ লেখা থাকে

যে-গাছ দিয়েছে ছায়া, তারই কাঠ পোড়াবে তোমাকে।

কাপলেট : ৩৪

রোদ্দুরে কাজ উপচে আছে, মেঘ ডেকে নেয় ছুটির দিনও...

আমরা দু'জন ক্লাস পালিয়ে, সঙ্গে আছেন ট্যারান্টিনো!

কাপলেট : ৩৫

মুছে তো দেবে না কেউ, ভুলে যেতে হবে তোমাকেই।

বৃষ্টির চাইতে ভাল ব্যাকস্পেস পৃথিবীতে নেই।

কাপলেট : ৩৬

এ কথা নিশ্চয়ই মানো, অর্জনের কিছুটা যে ব্যয়?

তুমি পক্ষ নিতে গেলে পক্ষও তোমাকে নিয়ে নেয়।

কাপলেট : ৩৭

পিঠে বাঁধা অভিধান। সকলকে শব্দ দিয়ে চেনা।

সন্ধে নেমে আসে শুধু। পাখিদের দোভাষী লাগে না।

কাপলেট : ৩৮

বাগানে ঘাসের গুচ্ছ, পাহাড়ে বহু রকম সাদা...

কথা সকলেরই এক। নীরবতা আলাদা আলাদা।

কাপলেট : ৩৯

খুলব ছাতা? এখন কি খুব বৃষ্টি হবার সম্ভাবনা?

মেঘ তো জানে, আমার কথা তুমিও কিছু কম ভাবো না!

কাপলেট : ৪০

জীবন আলাদা ছিল। চলে যাওয়া একমাত্র মিল।

শোকযাত্রা নেই কোনও, মৃত্যু তাই নিজেই মিছিল।

কাপলেট : ৪১

রুটিই বিভেদরেখা, ঘুমন্তের মাথায় ও ধড়ে

আমি ঠিকই বেঁচে থাকি। আমার বিবেক কাটা পড়ে।

কাপলেট : ৪২

অনেক রোদের রং মিশিয়ে সারং বানায় সা-এর দিন,

আজ শুধু তা বলছি মুখে, আসলে রোজ মায়ের দিন।

কাপলেট : ৪৩

শব্দ দিয়ে ফুটিয়ে তোলা আমার পক্ষে সম্ভবও না

নতুন লেখা শেষের পরে যে-অতৃপ্তি, তার তুলনা।

2. শ্রীজাতর অণু কবিতা সমগ্র

অণু কবিতার অর্থ, সংজ্ঞা বা ব্যাখ্যা:

ছোট আকারের কবিতা। যাতে খুব অল্প কথায় কবি তার মনের ভাব প্রকাশ করে।

অণু কবিতা : ১

এই শীতে আমি, দেখো, সমস্ত জখম খুব দরদামে কিনি।

শোনা গেছে গুজবের ফিরে আসা, কারও কারও গায়ে ওঠে শাল...

হাওয়া ছিল খুব, আর কখন যে নেমে গেছ খেয়াল করিনি।

মন খালি হতে হতে ফিরে আসে। যেন শেষ ডাউন লোকাল।

অণু কবিতা : ২

কখনও বৃষ্টির মতো স্মৃতিরা হঠাৎ ফিরে আসে...

পুরনো ছবির চেয়ে, আর বলো, বেশি কে রঙিন?

আমাদের দেখা হোক কোনও এক অতীতের মাসে

নতুন মেঘের নামে নাম রাখি, এই জন্মদিন!

অণু কবিতা : ৩

ভাল নেই মন, পড়ে আছে সব কাজ

যতক্ষণ না তোমার অসুখ সারে...

তুমি না থাকলে জানাই হতো না আজ —

ঋণাত্মকও যে এত ভাল হতে পারে!

(সৌমিত্র চট্টোপাধ্যায়ের উদ্দেশ্যে)

অণু কবিতা : ৪

খেলা তো অনেক হবে। পায়ে পায়ে ঘুরে যাবে বল।

যেমন গ্রহের ঘোরা থামে না কিছুতে কোনও দিন...

কেবল আর কারও জন্যে খরচ হবে না প্রিয় জল

বদল চায় না বেশি। ভালবাসা এমনই প্রবীণ।

(ম্যারাডনার উদ্দেশ্যে)

অণু কবিতা : ৫

সকলে কিছু না কিছু নিয়ে যেতে আসে বুঝি?

দিতে কেউ আসে না কিছুই?

আমিও তেমনই আসি। শুধু নীরবতা খুঁজি।

কোলাহল দিয়ে তাকে ছুঁই।

অণু কবিতা : ৬

রাস্তাটা তুমি দত্তক নিয়েছিলে।

তোমার নিজের রাস্তা ছিল না, তাই।

বড় হয়ে গেছে সময়ে পাথর মিলে...

দূর থেকে এসে মাঝেমাঝে হেঁটে যাই।

অণু কবিতা : ৭

প্রথম সুরের থেকে তুমি যাবে ডানদিকে, বাঁশি-বরাবর

আগের জন্মের গলি, এখন উঠেছে বাড়ি, দু'ঘর ভাড়াটে

তারা তো জানে না কিছু এ-কাহিনি কতখানি কোমলনির্ভর,

বাঁশি তো ধারালো নয়, হে অতীত আশাবরী, তবু সুর কাটে...

অণু কবিতা : ৮

ছেড়ে যাবার, চলে যাবার আগে

এইটা যেন মনে রাখতে পারি

এই পৃথিবী অন্যদেরই ছিল,

আমরা ছিলাম অনুপ্রবেশকারী।

অণু কবিতা : ৯

অহং কথা বলে নিদানে,

মেলে না তাই মুসাবিদা।

নিজেকে নিয়ে যার দ্বিধা নেই,

তাকে নিয়েই যত দ্বিধা।

অণু কবিতা : ১০

কাঁধে নেহাত সস্তা ঝোলা, হাতে মলিন খাম ছিল

সব মিছিলের উল্টো দিকে বাড়ি ফেরার ট্রাম ছিল,

এবং একা রাতের কাছে বৃষ্টি এসে থামছিল...

তখন তোমার অন্য জীবন। আমার অন্য নাম ছিল।

অণু কবিতা : ১১

একেকদিন কাজ না করার ইচ্ছেটা কাজ করে।

একেকদিন ইচ্ছে করে কাজ না করেই কাটাই।

বাইরে যা হোক, নিজের মতো শুয়ে থাকব ঘরে

ঘুড়ি কাটার পরে যেমন একলা থাকে লাটাই...

অণু কবিতা : ১২

বরফ জলই হয়। আগুন ছাই।

কী হবে খানাতল্লাসে?

নিজেকে এত বড় ভাবে সবাই,

পৃথিবী ছোট হয়ে আসে।

অণু কবিতা : ১৩

সময় হয়েছে বৃদ্ধ, ফিরে গেছে বিপ্লবের শীতও

হৃদয়ই যখন রাষ্ট্র, ভালবাসা সন্ত্রাসজনিত।

পুড়ে গেছে দেশ, তবু চেতনায় ধরেনি আগুন...

কে আর বিশ্বাস করবে, আমাদেরও ছিল নবারুণ?

www.ingramcontent.com/pod-product-compliance
Lightning Source LLC
La Vergne TN
LVHW091518200926
848483LV00002B/249
* 9 7 9 8 9 0 6 0 6 1 0 9 6 *